仙台の町づくり

四ツ谷用水

まえがき

　江戸時代、仙台のまちづくりに取り組んだ伊達政宗。その当時のまちづくりを見直し、再評価するものの一つに、四ツ谷用水があります。４００年以上が過ぎた令和の時代になった現在でも、当時の本流は工業用水として生き続けています。そして、様々な書物の発行、ＮＨＫのテレビ番組「ブラタモリ」での紹介などなど、時々目にする「四ツ谷用水」の文字は、一時期、四ツ谷用水を調査し、関わったことのある私の心を懐かしさとうれしさで刺激してくれます。

　四ツ谷用水との出会いは、昭和59年に北六番丁小学校に勤務していたとき、仙台市小学校社会科研究会の４学年部会の先生方と「郷土の開発」の単元の一つとして教材化し、授業実践をしたことから始まります。その学習の流れを視聴覚教材（スライド）としてまとめた『四ツ谷用水』が、自作視聴覚教材コンクールで運良く受賞することができました。社会科を研究教科として取り組んでいた私にとっては、まさに教科研究の出発点になる教材となりました。

　最近、四ツ谷用水の復活を願う方々にお声がけいただき、『四ツ谷用水』の視聴をし、お話をする機会を得て、四ツ谷用水の教材と出会った当時のことを振り返ることになりました。そして、今更ではありますが、私の社会科の実践の一つの記録として残しておければと思い、冊子にしたものです。

　内容は、17分間の視聴覚教材（スライド）として、今から30年も以前に制作した作品を、そのままスライド解説台本の形にしてまとめ直しました。そのため言葉や画像は制作当時のままになっています。この映像作品は、せんだいメディアテーク（「せんだい教材映像アーカイブ」1986年度）に保存され、インターネットで閲覧可能になっています。時間と興味のある方は是非ご視聴いただければ幸いです。

❶ 仙台遠景

高層ビルがたちならぶ仙台。
大都市仙台にひっそりと生き
続ける歴史を見つけました。

❷ タイトル

四ツ谷用水

❸ 現在の地図

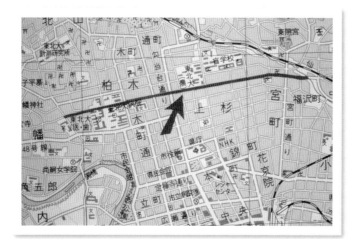

仙台のほぼ中央部、仙台駅からおよそ2km北に、北六番丁という東西に走る道路があります。

❹ 石柱

毎日たくさんの車が行きかうこの北六番丁に、歴史を伝える石柱が、ひっそりとたっています。

❺ 石柱かみすぎやまはし

石柱に刻まれた「かみすぎやまはし」という文字は、ここに橋がかけられていたことを示すものでしょうか。

こんなところに、川が流れていたのでしょうか。

〔仙台市青葉区上杉2丁目 上杉6丁目交差点付近〕

❻ 大正14年の地図

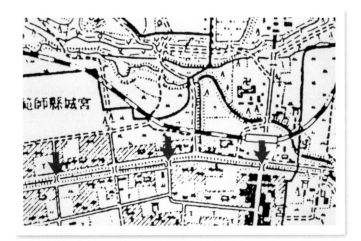

これは大正14年の地図です。
北六番丁には、いくつかの橋が記されており、そこに川が流れていたことが読み取れます。

（矢印は橋を示しています。）

❼ 昔の北六番丁（桜川）

その頃の北六番丁のようすを伝える古い写真です。
昔、北六番丁には、川が流れていたのでした。この川は、桜川と呼ばれていましたが、自然の川ではなく、四ツ谷用水と呼ばれる人工の川でした。

❽ 宮城町郷六の碑

四ツ谷用水の名は、※宮城町郷六の碑にも記されていました。
この碑は、「かみすぎやまはし」と刻まれた石柱から、西へ6kmもはなれたところにたっています。
この遠くはなれた石柱と碑を結びつける時、私たちは、遠い昔の歴史を知ることになるのです。

（※今の仙台市青葉区郷六）

❾ 湿地だった仙台

　今から400年ほど前、まだ町ができて
いなかったころ、仙台は、いたるところに
水がわき出る、大変じめじめした土地で
した。

❿ 伊達政宗の計画

　「よし、この計画でいこう。」
　伊達政宗は、交通の不便で
あった岩出山から、ここ仙台
に、大きな城下町をつくる計
画をたてました。

⓫ 青葉城の築城計画

　そして、青葉山に城を築き、
1601年、仙台へ移りました。
政宗35才の時です。
　政宗は、城をつくるのと同
時に、多くの家来と人夫を使
い、仙台の町づくりにも力を
入れました。

⑫ 幹線道路づくり

　仙台の中でも、土地の質のよかった、芭蕉の辻という所を、城下町の中心としました。
　そして、芭蕉の辻と城を結ぶ東西の道と、それに交わる南北の道を町づくりの基本としました。

⑬ 町づくりのなやみ

　町づくりをすすめるのに、こまったことがありました。
　一つ目は、じめじめした土地の水はけをよくしなければならないことでした。
　二つ目は、水の問題でした。城下町に人が住むようになると、井戸水だけではたりなくなってしまいます。
　このため、どこからか水を引いてこなければならなかったのです。

⑭ 四ツ谷用水建設計画

　そこで、排水と用水の二つの役割をもつ、四ツ谷用水をつくることが計画されたのです。

⓯ 仙台と広瀬川の関係

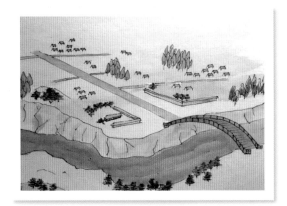

　仙台の町には、その頃も、西の方に広瀬川という大きな川が流れていました。
　しかし、広瀬川は、仙台の町よりずっと低いところを流れていたので、そこから水を引くことはできませんでした。

⓰ 四ツ谷用水の経路

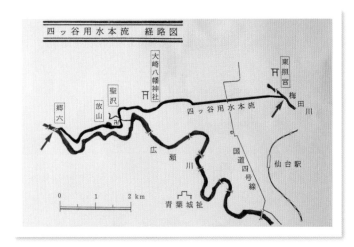

　そこで、広瀬川の上流までさかのぼり、現在の※宮城町郷六（矢印左）から水を取り入れ、そこから梅田川に合流するまで（矢印右）を本流としたのです。
　その長さは、7260mにもなりました。

（※今の仙台市青葉区郷六）

⓱ 四ツ谷堰づくり

　「さあ、みんながんばろう。」
　工事は、まず取り入れ口に決まった郷六に、堰をつくるところから始められました。
　この堰を※四ツ谷堰といいます。

（※この堰を設けた地域に四軒の家があり「四家」と呼んでいたのが「四ツ谷」になったといわれています。）

⑱ 働く人々のようす

「みんな、気をつけてやってくれ。」

監督さんの指揮のもと、おおぜいの人たちの手で、四ツ谷用水は、仙台の町へ水を送ることを願ってほられていきました。

⑲ 川村親子と宇津志惣兵衛

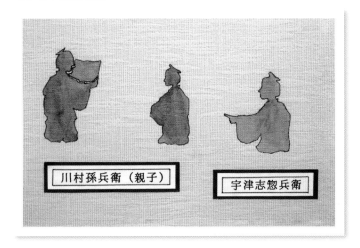

川村孫兵衛（親子）　宇津志惣兵衛

この工事には、※川村孫兵衛親子や宇津志惣兵衛たちが中心となったということです。

この人たちとともに、数え切れない人たちが、この工事で働いたのでした。

（※川村孫兵衛重吉と川村孫兵衛元吉）

⑳ 仙台西部の地形

郷六から仙台の町までは、山がちの土地です。ここに用水堀をほることは、とても大変なことでした。

山にぶつかったところは、トンネルをほらなければなりませんでした。

㉑ トンネルをほる

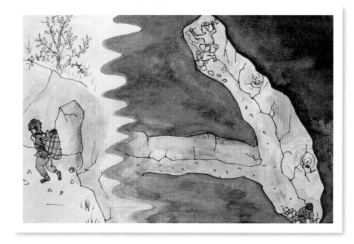

トンネルをほるためには、まず、ずり出し穴というものをいくつかほりました。

そして、この穴から両側にほり進んでいってトンネルをつなげていきました。

ほられた土は、このずり出し穴から外に出されました。

㉒ ずり出し穴

〔仙台市青葉区八幡6丁目 文殊堂付近〕

ずり出し穴の中は、このようになっています。

人ひとりがからだをかがめてやっと通れるほどの穴です。

この奥にトンネルがつづいているのです。

㉓ トンネルの作業の様子

「さあ、今日こそぶちぬくぞ。」
　機械などなかったこの時代には、のみやくわでこつこつと苦労してほったにちがいありません。
　一日1mもほれない日があったことでしょう。
　四ツ谷用水には、このようにほられたトンネルが４本あり、全部をあわせた長さは、2084mにもなります。

㉔ 箱樋をつくる

「おーい、そっちはいいかー。」
　大変だったのは、トンネルばかりではありません。
　沢を渡すときは、このようなものがつくられました。
　これを、「箱樋（はことい）」といいます。

㉕ 工事の進展

　このように、四ツ谷用水は、おおぜいの人々のおかげで、少しずつ少しずつつくりあげられていきました。

㉖ 仙台の町・鳥瞰図

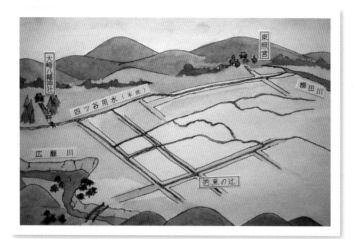

この四ツ谷用水は、本流から支流へとすべて完成するまでには、およそ80年間もかかる大工事でした。

㉗ 江戸時代の四ツ谷用水

これは、江戸時代の地図です。

四ツ谷用水の水路を見ると、本流を中心に町全体に支流が枝のように分かれて広がっていることが分かります。

（矢印は四ツ谷用水の流れを示しています。）

㉘ 江戸時代の芭蕉の辻

江戸時代の仙台の町の中心、芭蕉の辻にも四ツ谷用水は流れ、人々のくらしに役立っていました。

この四ツ谷用水の役割を考えてみましょう。

㉙ 防火用水として

仙台の町中を流れた四ツ谷用水は、火事がおこると、ところどころをせき止められて、火を消すためにも使われました。

㉚ かんがい用水として

農家の人々にとっては、この四ツ谷用水の水は、大切な水田をうるおしてくれる恵の水でもありました。

㉛ 生活用水として

　毎日の人々の生活にも、この水は使われました。

　米をといだり、野菜を洗ったり、食器を洗ったり、近所の人たちが、話をしながらこの用水のあたりで夕はんのしたくをしていたかもしれません。

㉜ 水遊びをする子どもたち

　また、子どもたちにとっては、魚つりをしたり、夏には泳いだりできる、すばらしい遊び場だったにちがいありません。

　このように、四ツ谷用水は、人々のくらしと深いつながりをもち、なくてはならないものになりました。

㉝ 完成した城下町

〔文久2年仙台城下絵図　仙台市博物館蔵〕

　やがて、仙台の町は完成し、四ツ谷用水は、それからもいくつもの時代を姿を変えながら生き続けるのです。

❸❹ レンガで修理した支流

〔仙台市青葉区桜ヶ岡公園仙台市市民会館下広瀬川断崖〕

これは、明治時代にレンガでなおされた支流の一つです。広瀬川にぽっかりと口をあけています。

江戸時代から明治へと時代は変わっても、四ツ谷用水は、人々に愛され守られてきましたが、明治時代には、支流のほとんどは不衛生になりがちであったため、埋められてしまいました。

❸❺ 暗渠になった本流

〔仙台市下水道誌より〕

北六番丁を流れていた本流は、※江戸・明治・大正・昭和と四つの時代を生き続けました。

しかし、昭和10年には、一部をのぞき暗渠になり、人々の目にはふれない地下に姿を消してしまいました。

（※現在まで江戸・明治・大正・昭和・平成・令和と六つの時代を生きていることになります。）

❸❻ 生まれ変わった本流

〔仙台市宮城野区福田町 福田橋付近〕

地下に消えていた本流は、昭和36年、本流をさらに延長して、仙台市ばかりでなく、となりの多賀城市、そして、塩竈市、七ヶ浜町の工場の水を運ぶ、工業用水道という、新しい役割をもって生まれ変わりました。

㊲ 現在の取水口

〔仙台市青葉区郷六〕

これは、現在の取水口です。
　こうして、今からおよそ400年も前の江戸時代のはじめにつくられた四ツ谷用水は、今も広瀬川の水を取り入れ、力強く生き続けています。

㊳ 現在の郷六付近

※宮城町郷六付近では、現在も当時の様子を伝え、用水はゆるやかに流れています。

（※今の仙台市青葉区郷六）

㊴ 大崎八幡神社

これは、現在、大崎八幡神社の橋の下を流れる本流です。

仙台市内を流れる四ツ谷用水は、今ではコンクリートでふたをされ、私たちの目にふれることはなくなりました。

けれども、四ツ谷用水をつくりあげた人々の苦労を私たちに伝えるものは、今でも数多く残っているのです。

㊵ 仙台の市街地

ここ大都市仙台に、400年もの長い歴史を私たちに語りかけてくれるものが、今なお生き続けていることに、深い感銘を受けました。

きっと、あなたのすぐ近くにも、あなたに息をふきこまれることを待っている歴史があるにちがいありません。

㊶ 終のタイトル

No.	区分・概要	映 像	主なコメントの出だし
❶		仙台遠景	高層ビルがたちならぶ仙台
❷		タイトル	
❸		現在の地図	仙台のほぼ中央部
❹	四ツ谷用水を知る遺物	石柱	毎日たくさんの車が
❺		石柱かみすぎやまはし	石柱に刻まれた
❻		大正14年の地図	これは大正14年の地図です
❼		昔の北六番丁（桜川）	その頃の北六番丁
❽		宮城町郷六の碑	四ツ谷用水の名は
❾		湿地だった仙台	今から400年ほど前
❿		伊達政宗の計画	「よし、この計画でいこう。」
⓫	昔の仙台と	青葉城の築城計画	そして、青葉山に城を築き
⓬	四ツ谷用水の計画	幹線道路づくり	仙台の中でも
⓭		町づくりのなやみ	町づくりをすすめるのに
⓮		四ツ谷用水建設計画	そこで、排水と用水の
⓯		仙台と広瀬川の関係	仙台の町には
⓰	地形を生かす	四ツ谷用水の経路	そこで、広瀬川の上流まで
⓱	四ツ谷用水と	四ツ谷堰づくり	「さあ、みんながんばろう。」
⓲	関わった人々	働く人々のようす	「みんな、気を付けてやってくれ。」
⓳		川村親子と宇津志惣兵衛	この工事には
⓴		仙台西部の地形	郷六から仙台の町までは
㉑		トンネルをほる	トンネルをほるためには
㉒	人々の苦労	ずり出し穴	ずり出し穴の中は
㉓	（トンネルや箱樋）	トンネルの作業の様子	「さあ、今日こそぶちぬくぞ。」
㉔		箱樋をつくる	「おーい、そっちはいいかー。」
㉕		工事の進展	このように、四ツ谷用水は
㉖		仙台の町・鳥瞰図	この四ツ谷用水は
㉗	仙台の町と四ツ谷用水	江戸時代の四ツ谷用水	これは、江戸時代の地図です
㉘		江戸時代の芭蕉の辻	江戸時代の仙台の町の中心
㉙		防火用水として	仙台の町中を流れた
㉚	四ツ谷用水の役割と	かんがい用水として	農家の人々にとっては
㉛		生活用水として	毎日の人々の生活にも
㉜	完成した仙台	水遊びをする子どもたち	また、子どもたちにとっては
㉝		完成した城下町	やがて、仙台の町は完成し
㉞		レンガで修理した支流	これは、明治時代に
㉟		暗渠になった本流	北六番丁を流れていた本流は
㊱		生まれ変わった本流	地下に消えていた本流は
㊲	現在に生きる	現在の取水口	これは、現在の取水口です
㊳	四ツ谷用水	現在の郷六付近	宮城町郷六付近では
㊴		大崎八幡神社	これは、現在、大崎八幡神社の
㊵		仙台の市街地	ここ大都市仙台に
㊶		終のタイトル	

※㊵㊶の映像は、視聴覚教材（スライド）の画面と異なります。

あとがき

　この『四ツ谷用水』は、昭和60年頃に制作したものですが、江戸時代から現代に生きる仙台のまちづくりの一つ、四ツ谷用水の概要は知っていただけたでしょうか。

　四ツ谷用水というものに出会ったことは、私の教師人生にも大きな影響を与えてくれました。担任していた子どもたちと、取水口から梅田川への合流地点までの本流約7kmを実際に歩きました。その見学では、子どもたち自身が様々な事象に出会い、疑問をもちながら学習を深めていってくれたことを思い出します。

　当時の教え子が大学生になる頃、その保護者から「先生、うちの息子、歴史が大好きになったんです。」との話を聞き、当時の楽しかった学習の様子を思い出していました。

　社会科を研究教科とした自分が、教材化した実践の跡を少しでも残すことができたことに自己満足ではありますが安堵感をもっています。

　振り返れば、この視聴覚教材（スライド）を、当時の仙台市視聴覚教材センターの鈴木悌夫先生にVTRに編集していただきました。そのことが、その後のアーカイブでの保存につながったものと感謝しています。その後、仙台市教育センターの職員の方にもDVD化していただくなど多くの人々のご厚意をいただきました。

　また、視聴覚教材（スライド）を制作した当初に、快くナレーションを引き受けていただいた太田伸子様、BGMとしてピアノを演奏していただいた渡部洋様にあらためて感謝いたします。

　そして、最後に、当時教員として、母として、忙しい日々を送っていたにもかかわらず私の様々な注文にも応えてくれ、全てのイラストを作成してくれた妻にあらためて心より感謝します。

著者紹介
荘司　貴喜
しょうじ　たかよし

昭和30年、仙台市生まれ。宮城教育大学教育学部卒業後、昭和54年4月より教諭として柴田郡川崎町立川崎小学校4年間、仙台市立北六番丁小学校5年間、宮城教育大学附属小学校12年間勤務後、教頭として登米郡迫町立佐沼小学校に3年間勤務。宮城県仙台教育事務所指導主事として2年間勤務し、平成17年より柴田郡川崎町立碁石小学校校長として3年間勤務する。その後、宮城県教育庁教職員課、仙台教育事務所など行政機関で6年間勤め、平成26年4月から多賀城市立多賀城小学校校長を2年間勤めて、平成28年3月定年退職する。

　趣味は、史跡・寺社巡り、美術館巡りなど

スライド『四ツ谷用水』

受賞：昭和61.1.23　昭和60年度仙台市自作視聴覚教材コンクール(学校教育部門)優秀賞

　　　昭和61.2.20　昭和60年度宮城県自作視聴覚教材コンクール(学校教育部門)優秀賞

　　　　　　　　　昭和60年度宮城県自作視聴覚教材コンクール最優秀賞

　　　昭和61.12.4　1986年全国自作視聴覚教材コンクール(学校教育部門)優秀賞

仙台市博物館 Information

国宝慶長遣欧使節関係資料や、重要文化財の伊達政宗所用具足・陣羽織、豊臣秀吉所用具足、三沢初子所用帯などの他、仙台伊達家からの寄贈資料をはじめ、江戸時代の仙台藩に関わる歴史・文化・美術工芸資料など約9万点を所蔵する。

■所 在 地　〒980-0862 仙台市青葉区川内26番地 (仙台城三の丸跡)
■T E L　022-225-3074
■F A X　022-225-2558
■開館時間　9：00 ～ 16：45 (入館は16：15まで)
■休 館 日　月曜日(祝日・振替休日の場合は開館)、祝日・振替休日の翌日(土・日曜日・祝日の場合は開館)、12月28日～1月4日

仙台の町づくり　四ツ谷用水

令和3年9月10日　初　版

著　者　荘　司　　貴　喜
発行者　藤　原　　　直
印刷所　株式会社ソノベ

発行所　株式会社 金港堂 出版部
　　　　仙台市青葉区一番町二丁目3-26
　　　　電話　022-397-7682
　　　　FAX　022-397-7683

©2021 TAKAYOSHI SHOJI

ISBN 978-4-87398-141-3